ESSAY UND ARCHIV
Schriftenreihe des Historischen Archivs Krupp
Band 1

Ulrich Raulff
Sauerland als Lebensform

Die Alfried Krupp von
Bohlen und Halbach-Stftung
hat die Reihe initiiert
und den Druck ermöglicht.

ULRICH RAULFF

Sauerland als Lebensform

„ESSAY UND ARCHIV" – EINE NEUE SCHRIFTENREIHE

Als der Stahlindustrielle Alfred Krupp 1871 darüber nachdachte, was mit all dem geschehen sollte, was sich rund um die Firma – und später auch rund um sein Anwesen, den „Hügel" in Essen – so ansammelte, kam er auf die Idee eines Archivs, damit „nicht verloren gehen möge, was ... noch vorhanden" ist. Heute füllen Artefakte, Fotos und Papiere in fast unübersehbarer Menge die Magazine des Historischen Archivs Krupp.

Die Reihe „Essay und Archiv" reflektiert die in diesen Quellen sedimentierte Geschichte, und mit Krupp ist sehr vieles verbunden – von der Kultur- bis zur Wirtschaftsgeschichte, Soziales selbstverständlich, Politik- und Alltagsgeschichte, Internationales.

Die Essays haben dabei die Freiheit, sich eng an die Quellen anzulehnen oder sie als Ausgangspunkt zu nehmen für Betrachtungen mit weiterem Horizont – so wie der vorliegende erste Band der Reihe, in dem Ulrich Raulff das „Sauerland als Lebensform" beschreibt und der gelegentlich dicht, über weite Strecken aber eher assoziativ von einer Bilderzählung zur Geschichte und Vorgeschichte von Krupp im Sauerland begleitet wird, die weitgehend auf unveröffentlichte Archivstücke zurückgreifen kann.

In späteren Bänden können auch kleinere Quelleneditionen hinzukommen, kommentierte Bildstrecken oder aufgezeichnete Gespräche. Die Reihe soll auch dazu ermuntern, sich mit den Quellen des Historischen Archivs Krupp eingehender zu befassen: Die Überlieferung ist reichhaltig, an Anregungen wird es nicht mangeln. Stiftung und Archiv freuen sich auf interessierte, neugierige Leser!

Prof. Dr. Dr. h.c. Ursula Gather
Vorsitzende des Kuratoriums der
Alfried Krupp von Bohlen und Halbach-Stiftung

KARTE UND GEBIET

Wäre Cäsar statt nach Gallien ins südliche Westfalen gekommen, hätte er vermutlich dessen Zweiteilung bemerkt. Aber Cäsar kam nicht ins Sauerland. Seine Kenntnis der diversen Sorten von Germanen war literarischer Art. Sie galten ihm durch die Bank als ziemlich kriegerisch, der Jagd und dem Trunk ergeben. Kollege Tacitus ergänzte noch – romkritisch – die Gattentreue der Germanen. An der Eigentümlichkeit sauerländischen Lebens gingen beide Autoren achtlos vorbei. Womit sie Schule machen sollten: Bis heute sind die Sauerländer einer der unbekanntesten und unverstandensten Stämme unter den Deutschen. Das fängt übrigens mit ihren Zweiteilungen an: eine ist historisch, eine politisch, eine konfessionell, eine ästhetisch. Kein Mensch versteht diese ganzen Dichotomien. Das könnte sich bei den Biersorten fortsetzen, aber auf dem Feld wird es dann wieder dreiteilig wie in Gallien, jedenfalls wenn man das südlich gelegene Dorf Krombach, das eigentlich schon zum Siegerland gehört, für einen Augenblick zum Sauerland hinzuzählt.

Die Sauerländer würde das nicht stören. Auf ein paar Meter oder Dörfer mehr kommt es ihnen nicht an. Mit den äußeren Grenzen sind sie, und das ist ja ein sympathischer Zug, nicht so kleinlich. Die eine rechnet die Stadt Hagen mit dazu, weil sie ans Osthaus-Museum denkt und dem Sauerland auch solch ein schönes Kunstmuseum wünscht. Wo es doch keinen großen Künstler aufbieten kann wie Siegen, das seinen Renommier-Rubens allerdings schon im Kindesalter an Köln verlor. Der andere zählt die Möhnetalsperre mit zum Sauerland, weil an ihrem Nordufer die zwölfeckige Drüggelter Kapelle steht, die wie eine Miniatur der Jerusalemer Grabeskirche aussieht und ein einzigartiges Stück mittelalterlicher Sakralarchitektur darstellt, auf das der fromme und kunstsinnige Sauerländer ungern verzichtet.

Auch an der Westgrenze zum Bergischen Land zeichnen sich Verhandlungsspielräume ab. Die hübschen Kunstseen wie die Brucher-, die Agger- oder die Lingese-Talsperre würden gut ins Bild des Sauerländischen Seenreichs passen.

Orte wie Gogarten mit seinem seligen Märchenwald oder erst recht Gummersbach, wo Jürgen Habermas und Hans-Ulrich Wehler Indianerfreundschaft schlossen, könnten das Psychogramm einer denkenden, träumenden und Schwarz-

Wegen einer Jagdveranstaltung fuhren Bertha und Gustav Krupp von Bohlen und Halbach 1936 ins Sauerland, besuchten Orte am Möhnesee, und man machte einen Schnappschuss der Drüggelter Kapelle, einem Zeugnis des katholischen Sauerlands aus dem 12. Jahrhundert. Das Foto kam ins Familienalbum.

brot liebenden Bevölkerung vertiefen. Aber die Sauerländer kennen keinen Neid, und mit dem Situationisten Heinrich Lübke aus Enkhausen und dem Aphoristiker Carl Schmitt aus Plettenberg besitzen sie eigene Geistesgrößen, neben denen die beiden Enormen aus Gummersbach an Kolossalität verlieren.

Zurück zur Dichotomie der sauerländischen Seele. Obwohl sie in erster Linie konfessioneller Art ist, trennt sie nicht, wie so oft, einen katholischen Süden von einem protestantischen Norden. Katholisch ist im Sauerland der Osten und protestantisch der Westen. Das kleinere Westend wird nach der Grafschaft Mark das „märkische", das größere, lange Zeit zum Kurfürstentum Köln gehörige Ostend das „kurkölnische" Sauerland genannt. Seiner hohen Berge wegen heißt es auch das Hochsauerland. Da das märkische Sauerland bereits seit 1609 zu Brandenburg-Preußen gehörte und an dessen wirtschaftlicher Prosperität teilhatte, während das kurkölnische bis zum Jahr 1802 arm aber fromm blieb, drohte dem Sauerland zeitweise die Spaltung in eine Welt der zwei Kulturen. Dazu ist es zum Glück nie gekommen. Während die Sauerländer mit Lust ihre kulturellen Differenzen pflegten, fuhren sie fort, sich als eine große Mischpoche zu begreifen, deren eine Hälfte in den Tälern ihr Glück schmiedete, während die andere auf den Bergen sich um ihr Heil kümmerte.

Aber alle einfachen Dichotomien sind so einprägsam wie falsch. Schon früh drehten sich auch im Hochsauerland die Räder der Fördertürme, qualmten die Meiler der Köhler und klapperten die Hämmer von Wassermühlen. Ihrerseits konnten auch die märkischen Sauerländer ganz gut singen und beten und schöne Stadt- und Dorfkirchen bauen. Stärker als das konfessionell Trennende und die kulturellen Differenzen war offenbar das Verbindende. Bloß wo lag es? War es die Geomorphologie der vielen Berge und Flüsse, der Millionen Jahre alten Höhlen und der jungen Seen, die samt und sonders Werke der technischen Moderne waren? Oder lag es in den dichten Wäldern, die, ehedem aus Buchen und Eichen bestehend, in jüngerer Zeit mit Fichten aufgefüllt worden waren? In der Vielzahl von Burgen, zu deren Bau die Menge der Berge und der unstillbare Fehdedurst ritterlicher Herrschaften eingeladen hatten? Vermutlich lag es nicht zuletzt in der gemeinsamen südwestfälischen Sprache, in deren Fugen noch das Plattdeutsch mit seinen atonalen Umlauten nistet, und die durch gewisse Putzigkeiten wie das „sk" gesprochene „sch" von Meschede und den populären Satzschluss „woll?" bei Nichtwestfalen für Heiterkeit sorgt.

Als hätten die Sauerländer irgendwann begriffen, dass der Himmel sie dazu bestimmt hatte, auf ewig zusammen zu

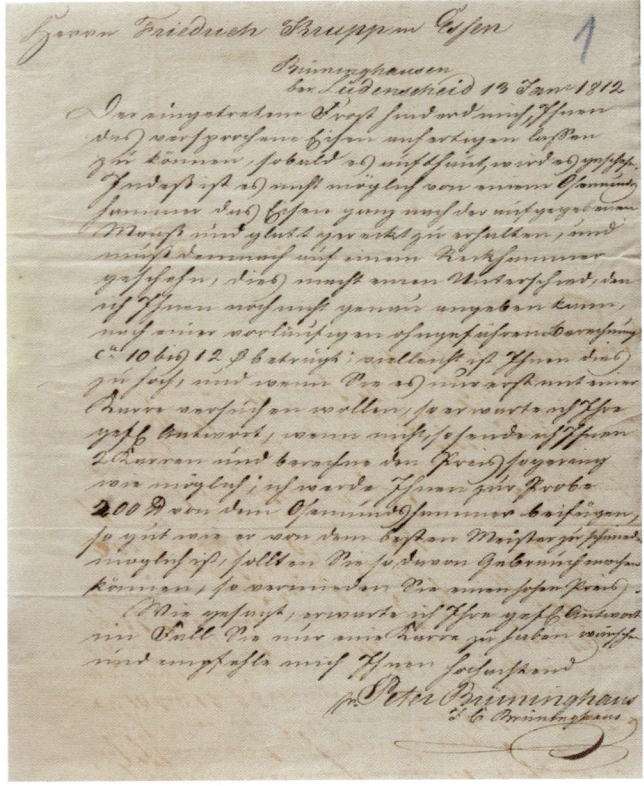

Seit dem Spätmittelalter wurde in Hammerwerken des Sauerlands Osemundeisen produziert. Friedrich Krupp benötigte das Material für seine 1811 gegründete Gussstahlfabrik, und Peter und Johann Caspar Brüninghaus sicherten ihm am 13. Januar 1812 eine vereinbarte Lieferung zu.

bleiben, während er ihnen zugleich das Schicksal der platonischen Kugelhälften auferlegte, bedachten sie von nun an in beiden Landesteilen verschiedene Dinge mit denselben Namen. Seitdem gibt es zum Beispiel zwei Berge namens Nordhelle, der eine, etwas höhere bei Winterberg im Hochsauerland, der andere, etwas niedrigere, im märkischen Ebbegebirge. Gemeinsam bilden die beiden Nordhellen die Pole einer Ellipse, als die wir uns das Sauerland mit seinen markanten Unterschieden und seinen stärkeren Gemeinsamkeiten künftig denken wollen. Hier endet die Geometrie, und die Geschichte kehrt zurück.

Sie tut das entlang zweier Flüsse, die für das Sauerland zu Schicksalsströmen seiner Industrialisierungsgeschichte wurden. Der erste heißt Lenne, der zweite Ruhr. Die Lenne, wenn sie bei Winterberg auf dem Kahlen Asten entspringt, ahnt natürlich nicht, dass sie schon knappe 130 Kilometer weiter bei Hohensyburg, kurz hinter Hagen, ein feuchtes Ende finden wird (was ihr den Mindertitel eines Nebenflusses der Ruhr einbringt). Der Kahle Asten, um das noch kurz einzuflechten, ist so etwas wie der Kilimandscharo des Sauerlands, vielleicht aber auch dessen Berg Ararat, auf dessen Gipfel das erste Sauerländerpaar der Arche entstiegen ist. Zwar ist er nicht der höchste Berg des Sauerlandes, ein Titel, den er um ganze zwei Meter verfehlt, wohl aber verfügt er über höchste montane Prominenz mit asphaltierter Anfahrt, Gipfelhütte, Turm und so weiter. Außerdem kennt jeder seinen Namen.

An seiner Flanke also entspringt die Lenne, die sich von hier aus in das ergießt, was man das Urstromtal der westdeutschen Industrialisierung nennen muss. Zahllos waren die Wasserräder, die sie und ihre Nebenflüsse in ihrem Lauf antrieben (tatsächlich hat sich die Sache längst ins Imperfekt verabschiedet) und ebenso zahllos die Hämmer, die diese in Bewegung setzten. Sie wiederum verarbeiteten das im Sauerland geförderte Erz zu Osemund, einem weichen Eisen, dem sich die Form allerlei nützlichen Geräts, allen voran des Drahtes, beibringen ließ. Vom Draht lebte hier bald alles, und alle waren auf Draht; immer noch sieht man die grauen Rollen im Lennetal herumliegen. Selbst der sauerländische Adel war, wie schon die Droste bemerkte, schlau genug, sich das industrielle Geschäft nicht entgehen zu lassen. Vom Draht

Der Ahe-Hammer an der Gemeindegrenze Herscheid/Werdohl war eine frühe Produktionsstätte der Firma Brüninghaus, die 1962 ihr 400-jähriges Bestehen feierte und wenig später zum Krupp-Konzern gehörte. Den Hammer, ein Relikt des traditionellen Eisengewerbes im Sauerland, gibt es noch. Er ist heute Eigentum der Stiftung Industriedenkmalpflege und Geschichtskultur. (Postkarte mit Zeichnung von E. Exner, 1962)

und allem anderen, wozu Metall sich hergab, profitierten, und nicht zu knapp, die kleinen und mittleren Städte an den Ufern der Lenne, von Altenhundem über Finnentrop und Altena bis Iserlohn. Davon lebten auch die Köhler und Holzfäller in den Wäldern, die Bergarbeiter in den Gruben des Hochsauerlands und nicht zuletzt die Händler, welche die Hardware über halb Deutschland und Holland hinaus vertrieben. Die Lenne und ihre Nebenflüsse waren der natürliche Energiestrom, in den man nur ein Wasserrad tauchen musste, um diese ganze Metallindustrie ans Laufen zu bringen. Alles andere, was sonst noch gebraucht wurde, Erz, Holz, Arbeitskraft und Erfindergeist, war reichlich vorhanden.

Auf der anderen, nordöstlichen Seite von Winterberg, nur wenige Kilometer von der Quelle der Lenne, entspringt die Ruhr. Auch sie ist keiner der großen Flüsse, nach knapp dreihundert Kilometern verschwindet sie bei Duisburg im Rhein. Doch das nach ihr benannte Industrierevier sollte

Konto der Firma Tappe & Cosack aus Neheim im Hauptbuch der Firma Krupp, 1848/49. Die Firma im Hochsauerland stellte Metallwaren her und kaufte dafür Gussstahl von Krupp. Sie besteht noch heute.

Weltgeltung erlangen, und gemeinsam mit der Lenne hat sie das nördliche Sauerland in ein fruchtbares Zweistromland der Industrialisierung verwandelt. Aber während der Name der Lenne mit den Wasserrädern, Hämmern und Gruben der Kleineisenindustrie verbunden blieb, entwickelte sich im Ruhrgebiet vom ersten Drittel des 19. Jahrhunderts an eine gewaltige Montanindustrie, die sich politisch mit dem Aufstieg Preußens und des Reiches verband. Das explosive Wachstum der Städte zwischen Dortmund und Duisburg und der unaufhaltsame Anstieg der Arbeiterschaft zeitigten unerwartete Folgen für die im Süden gelegene Berg- und Waldregion: Aus einem Distrikt zur Produktion nützlicher Dinge verwandelte sie sich innerhalb weniger Jahrzehnte in ein Freiluftsanatorium zur Regeneration erschöpfter Menschen. Das Sauerland wurde zur Villeggiatur des Ruhrgebiets, zur regenreichen Riviera des Reviers.

Insofern repräsentieren die beiden Flüsse Lenne und Ruhr auch zwei historische Phasen von Industrie und Kommerz, die das Erwerbsleben der sauerländischen Bevölkerung bis heute prägen. Die erste, die ‚Lenne-Phase' der Kleineisenindustrie, hatte dem Land einen gewissen Wohlstand gebracht und ein Kleinunternehmertum von erstaunlichem Ausmaß entstehen lassen. Noch um die Mitte des 20. Jahrhunderts stand im Telefonbuch von Lüdenscheid hinter jedem zweiten Namen die Berufsbezeichnung „Fabrikant". Im Keller eines solchen Tüchtigen standen ein oder zwei Maschinen, auf denen er Knöpfe, Schnallen und anderes Kleinzeug, anfangs aus Metall, später auch aus Kunststoff, herstellte. Ein reicher

Werk Linscheid der Firma Basse & Selve in Altena, um 1910, im Vordergrund die Lenne. Im Kaiserreich noch einer der größten deutschen Metallwarenhersteller, fusionierte die Firma nach dem Ersten Weltkrieg

Mann mit Chauffeur und Pferdestall wurde der Homo faber von Lüdenscheid nie, wohl aber ein Selbständiger, der Anzüge von Müller-Wipperfürth trug und das Parteibuch der FDP besaß.

Auf das zunehmende Verlangen der schwer arbeitenden und in beengten Verhältnissen lebenden Industriearbeiterschaft des Ruhrgebiets nach Frischluft und Erholung, etwa durch das in Mode kommende Wandern, antworteten die Sauerländer schon 1891 mit der Gründung eines Fremdenverkehrsvereins, des Sauerländischen Gebirgsvereins (SGV), und einer Art Strukturwandel avant la lettre: Bauern, Waldarbeiter, ganze Dörfer stellten ihren Betrieb um auf Fremdenzimmer und Gastgewerbe. Neue Bahnlinien erschlossen die zuvor schwer erreichbaren Zentralregionen des Sauerlandes;

mehrfach, ging schließlich in den Vereinigten Deutschen Metallwerken auf, die zwischen 1989 und 2015 Teil des Krupp-Konzerns waren. In Altena wird heute noch produziert, insbesondere Bleche und Stangen.

große Betriebe wie der Bochumer Verein, später Krupp gründeten eigene Arbeitererholungsheime. Das Sauerland entdeckte seine zweite Natur als Land der Sommerfrische.

Die Gewinne aus dieser zweiten, sanatorialen ‚Ruhr-Phase' verteilten sich in anderer Weise als die der Fabrikanten von Lüdenscheid. Hier konnten auch die Ärmeren mitverdienen, deren einzige Produktionsmittel anfangs ein Strohsack und eine Kaffeekanne waren. Mit der Zeit wurde aus dem Strohsack eine Pension und aus der Kaffeekanne ein Gartenlokal. Der Tourismus geriet zur zweiten bedeutenden Erwerbsquelle beider Sauerländer, auch und gerade des landschaftlich privilegierten Hochsauerlands. Der Zustrom der Touristen verdoppelte sich, nachdem in den sechziger, siebziger Jahren die Holländer ihre Diretissima ins Sauerland entdeckt hatten und mit den Karawanen ihrer Wohnwagengespanne die Höhen um Winterberg erstürmten. Seitdem herrscht dort auf allen Anzeigetafeln und Wirtshausschildern konsequente Zweisprachigkeit.

In den letzten Jahren vor dem Ersten Weltkrieg überlagerten sich die besagten Phasen, Lenne und Ruhr, erstmals und bescherten dem Sauerland eine ungeahnte wirtschaftliche Blüte. Immer noch lässt sie sich an den Villen und Bahnhöfen ablesen, in denen sich die Formen des Jugendstils mit dem Bruchstein und dem schwarz-weißen Fachwerk des Hochsauerlands zu stilsicherer Eleganz verbinden, während in vielen der zur gleichen Zeit entstandenen Fabrikbauten die Düsseldorfer Schule von Peter Behrens ihre Spuren hinterlassen hat. Das Wohnhaus des Hochsauerlands wurde zu dem, was man neuerdings „ikonisch" nennt: ein Bild von einem Haus, das jeder augenblicklich erkennt und einer bestimmten Landschaft zuordnet. Wie das Schwarzwaldhaus oder das Schweizer Chalet.

Das liegt nicht am Fachwerk, auch nicht an dessen schwarzen Rahmen und weißen Feldern. Die strenge Grafik, in der man gern die schlummernde Moderne erkennt, den dekolorierten Mondrian findet man auch anderswo in Europa. Es liegt am Baustoff, der hier, im Schieferbergbau des Sauerlands, aus der Erde kommt, um sodann in dünne Scheiben gespalten zu werden. Anfangs in erster Linie thermisch begründet, ist die Schieferverkleidung allmählich in den ästhetischen Kanon des sauerländischen Hausbaus eingegangen. Immer noch signalisiert sie Traditionsverbundenheit auch an Bauten, die keiner Tradition, außer der des schlechten Geschmacks, verpflichtet sind. Sie bringt die dritte Nichtfarbe ins optische Spiel, die Eminenz des Grau und seiner fünfzig Schattierungen. Je nach Sorte, Alter, Lichteinfall. Die graue Diskette macht alles mit. An den Zwiebeltürmen der Kirchen macht sie sich klein und schmiegt sich der Wölbung an. Auf größeren Flächen wechselt sie wie Kafkas Maus gern die Laufrichtung. Manche Häuser überzieht sie komplett von Dach bis Boden. Wie geschuppte Echsen drücken sie sich an den Grund.

Anders als die Bosheiten nicht abgeneigte Droste meinte, waren die Sauerländer nicht gerissen, sondern findig. Sie

Briefkopf der Friedrich Thomée AG in Werdohl, 29. Mai 1926. Wie andere sauerländische Familienunternehmen auch ging die Firma Thomée in Großkonzernen des Ruhrgebiets auf, zeitweilig in den Vereinigten Stahlwerken, schließlich Mitte der 1970er-Jahre in der Firma Krupp. Mittlerweile sind die Betriebe stillgelegt, die Hallen abgerissen.

wussten Bodenschätze zu finden und folgerichtig das Knowhow zu ihrer Gewinnung und Nutzung; sie wurden zu Erfindern. Das geht so bis heute. Deshalb ist das Sauerland, all seiner Wald-, Berg- und Flussnatur zum Trotz, eine heimliche Industrieregion mit gut verdienendem Mittelstand und beträchtlicher Millionärsdichte. Städte, die man nur aufgrund ihrer Bevölkerungszahl nicht als Kleinstädte bezeichnen darf, wie Attendorn oder Sundern, gehören zu den *hidden champions* des Steueraufkommens. Aber es gibt auch die dem Licht abgewandte Seite der sauerländischen Urbanität. Auf ihr liegen Städte wie Werdohl und Altena, Orte, die ihren einstigen Wohlstand verspielt haben. Im Märchen hieße es, sie hätten ihr Gold gegen etwas Geringeres vertauscht. Das Mindere sieht aber nicht aus wie eine Gans. Es fühlt sich an wie namenlose Tristesse.

ELEMENTAR

Die großartigsten Bauten des sauerländischen Jugendstils hat nicht ein Künstler-Architekt mit cooler Selbstinszenierung geschaffen, sondern ein bienenfleißiger Ingenieur mit acht Kindern und fortschreitender Glatze, der seit 1870 an der Technischen Hochschule in Aachen Bautechnik und Wasserbau lehrte. In den Jahren 1889-91 baute Otto Intze in der Nähe von Remscheid im Bergischen Land nach einem von ihm ersonnenen Prinzip und hohem ästhetischen Gespür die erste deutsche Talsperre. Im Anschluss übersäte er in rascher Folge nach dem Bergischen auch das Sauerland und schließlich Schlesien mit einer Fülle beeindruckender Staudämme. Hinter ihren aus Bruchstein geschichteten, in kalkuliertem Bogen gegen das Wasser gestemmten und häufig mit zwei Türmen bekrönten Mauern spiegelten sich Kunstseen, die die touristische Attraktivität des Sauerlands enorm steigern sollten. Allein in dem *annus mirabilis* 1912, acht Jahre nach Intzes Tod, aber noch nach seinen Plänen ausgeführt, entstanden mit der Kerspe-, der Lis-

Fürwigge-Talsperre, nach Plänen von Otto Intze erbaut und 1904 fertiggestellt. 30 Jahre später unternahmen Beschäftigte des Bochumer Vereins für Gussstahlfabrikation einen Ausflug dorthin. Der Werksfotograf begleitete sie, sein Foto stammt von Juni 1934.

Vor der offiziellen Einweihung besichtigte Gustav Krupp am 9. Januar 1913 die neue Möhnetalsperre. Zur Erinnerung schenkte ihm der Vorsitzende des Ruhrtalsperrenvereins ein Prachtalbum, aus dem auch die Fotografie der Delecker Brücke stammt. Krupp veranstaltete regelmäßig Jagden in der betreffenden Region.

ter- und der Möhnetalsperre drei solcher Bauwerke, in denen sich Materialsinn und Ingenieurskunst mit einem Formgefühl verbanden, das neben dem der großen technischen Monumentalisten wie Gustave Eiffel bestehen konnte.

Das Sauerland, oft als Land der tausend Berge apostrophiert, ist seit der vorletzten Jahrhundertwende auch zu einer Region der künstlichen Seen geworden. Manche dieser Seen, wie die Möhne oder die Bigge, ziehen durch ihre flankierenden, kurvenreichen Straßen die Schwärme der Motorradfahrer an, andere Talsperren kann man nur zu Fuß umrunden. Es sind meist die älteren, die kleineren und stilleren. Wie in einem Prisma bricht sich in ihrer Tiefe das schwarze Licht der umgebenden Wälder. Ihre wahre Größe enthüllt sich freilich nur denjenigen unter den Wanderern, die sich der Staumauer zuwenden. Nach der Schneeschmelze des Spätwinters leiten Überflüsse in der Mauerkrone die aus den Tälern drängenden Wassermassen ab. Durch ein Dutzend schmaler Öffnungen stürzt das überschüssige Wasser sprühend in die Tiefe. Die weiße Gischt lässt ihre schlanken Fallbahnen wie hohe Fenster erscheinen. In diesen Kathedralen einer hydraulischen Kultur hat die Baukunst des 19. Jahrhunderts ihren perfekten Abschluss gefunden.

Die Erbauer der Talsperren setzten Täler unter Wasser, die einer bestehenden Kulturlandschaft angehörten. So entlegen sie sein mochten, sie waren weder leer noch wüst gewesen. Ein Gefühl von Einsamkeit war überall im Sauerland spürbar, aber es wurde nicht beherrschend. Aus allen Tälern, die Intze und seine Schüler fluteten, mussten Bewohner evakuiert und in neue Dörfer umgesiedelt werden. Erst danach konnten ihre alten Häuser und Kirchen im Wasser versinken. Am Grund jedes dieser Seen lag ein Vineta, dessen Glocken man in mondhellen Nächten zu hören meint. In heißen Sommern gab das absinkende Wasser seine Mauerreste frei.

Alle Kinder kommen als Antiquare und Archäologen auf die Welt. Strikten Verboten zum Trotz gruben wir in unserem kleinen Atlantis, befeuert von der Hoffnung auf Spuren einer Vergangenheit, die darauf warteten, von uns gedeutet zu werden. Unfassbar, dass wir über diese Rätselwelt noch vor kurzem nichtsahnend hinweggeschwommen waren. Schon damit hatten wir das Gesetz gebrochen. Die meisten Talsperren des Sauerlands waren und sind bis heute Trinkwasserreservoirs, in denen das Baden und jede Form von Wassersport streng untersagt sind. Damals, zehn, fünfzehn Jahre nach dem Krieg, war die Kontrolle noch nicht so streng. Wenn an warmen Sommerabenden der VW des für die Überwachung unserer Talsperre, einer der kleinsten des westlichen Sauerlands, zuständigen Polizisten hörbar wurde, dachten wir nicht an Flucht. Wir wussten, welche Amtshandlung der Vertreter der Obrigkeit gleich vornehmen würde: einen Kopfsprung. Unter der Uniform trug er die Badehose.

Den Kindern, die zum Schwimmen gingen, folgten gern die Hunde der Bauern. Es waren ohne Ausnahme Schäferhunde und Spitze. Jagdhunde hielt nur der Revierförster. Die Leute in der Stadt besaßen Pudel, geschoren wie englische Gartenskulpturen, oder Boxer mit kupierten Ohren und Schwänzen. Die Schäferhunde der Bauern waren wachsam und ungemütlich. Edda war anders. Die gelbbraune Hündin war eine echte Schönheit und eine Seele von einem Tier. Nur zum Schwimmen durfte man sie nicht mitnehmen. Kaum erblickte sie ein Kind im Wasser, sprang sie hinterher und zog es an Land. Sie rettete pausenlos. Rehkitze vor den Mähern, kleine Katzen vor den Hufen der Pferde. Am liebsten Kinder in Seenot. Edda hatte ein schweres Helfersyndrom. Etwas Schreckliches musste in ihrer Familie passiert sein.

Neben den großen Talsperren besaß das Sauerland eine Fülle kleiner Wasserbecken, deren Besitz sich die Kinder des Dorfes mit Hunden, Fröschen und trägen Karpfen teilten. Auf diesen Teichen wurden im Sommer historische Seeschlachten entschieden. Hier wurde das leck geschlagene Modell eines Schlachtschiffs („USS Missouri") aus dem enormen Baukasten, den ein großzügiger Pate unter den Weihnachtsbaum gestellt hatte, mit Luftgewehren unter Beschuss genommen und fachgerecht versenkt. Daneben dienten die Weiher als Löschteiche für den jederzeit drohenden Fall eines Brandes. Feuer waren häufig und angesichts des beliebten Baumaterials Holz sowie der Heu- und Strohmassen unter den Dächern der Bauernhäuser fatal. Ein solcher Brand, ausgelöst durch Blitzschlag oder Selbstentzündung des zu frisch eingefahrenen Heus, und eine ganze Bauernfamilie stürzte ins Unglück.

Der berühmteste Sauerländer seiner Zeit lebte in einem Vorort von Plettenberg. Durch Carl Schmitt war Pasel, so hieß das Nest, zu einem Wallfahrtsort des konservativen Deutschlands geworden. Von der klassischen Öffentlichkeit des Hochschullehrers war Schmitt seit den späten vierziger Jahren qua Lehrverbot abgeschnitten. Im Jahr 1940 hatte er unter dem Titel *Land und Meer* eine mythische Erzählung geschrieben, die vom ewigen Kampf des Landtiers Behemot gegen das Seeungeheuer Leviathan handelte. Zehn Jahre später griff er den welthistorisch gedachten Plot noch einmal auf und stellte einen Bezug zum Sauerland her. Was im Fall des Landes der tausend Berge nahelag, die Beziehung zum Land, erforderte im Fall des Meeres einen etwas weiteren Ausgriff. Bekanntlich verfügte das Sauerland nicht über eine Küstenlinie und unterhielt auch keine Fährverbindungen ins Rheinland.

Tatsächlich lag das sauerländische Meer für Schmitt in der Luft. Der Atlantik erschien ihm täglich in Form von Wolken, Nebel, Schnee und Regen. Was im Prinzip keine schlechte Intuition und von der Erfahrung des Spaziergängers gedeckt war. Er wolle, so Schmitt, nicht sagen, dass es im Sauerland immer regne, aber auch wenn es nicht regne, habe es doch immer Lust zu regnen. Auch dies eine feine Beobachtung: Intime Bekanntschaft mit dem Regen macht den Durchnässten zum Pluviologen. Insofern trifft es zu, dass der Sauerländer ein ozeanisches Lebensgefühl kennt. Er bringt es nicht mit zur Welt, aber die Pfützen auf seinem Schulweg und die Gummistiefel, in denen er diesen zurücklegt, lehren es ihn. Oder sie. Man kann den Regen nicht abschaffen, darum muss man ihn sich zum Freund machen. Jeder sauerländische Bauer hat sich diese Maxime ins Rockfutter genäht und hält sich daran. Die Jungen verlassen sich auf Claudia Kleinert, die Älteren auf den Hundertjährigen Kalender. Gemäht wird erst, wenn die Auguren anhaltenden Sonnenschein in Aussicht stellen. Selbst dann greift der gewitzte Bauer nicht leichten Sinnes zur Sense. Die Wiege der Skepsis stand nicht in Attika, sondern zwischen Brilon und Olpe. Einer der Bauern in unserer Nähe besaß eine Wiese, die, kaum war sie gemäht, unfehlbar den Landregen herabzog. Seine Nachbarn wussten um die Magie der Wiese und beschworen ihn, erst zu mähen, wenn sie ihr eigenes Heu ins Trockene gebracht hätten. Er hörte nicht zu und mähte, wann es ihm passte. Es kam, wie es kommen musste.

Regenzauber hatte das Sauerland nie gebraucht, eher schon Schneezauber. Mit den ersten Schneeflocken im November kam der Tourismus im Hochsauerland erst richtig in Fahrt. Alles vorher war gut und schön, Rucksäcke und Wanderwege,

Gehöft mit Fachwerkhaus bei Meinerzhagen, 1934 –
Werksfotografie, die während eines Betriebsausflugs des
Bochumer Vereins für Gussstahlfabrikation entstand

endlose Wälder. Picknick und Bänke vom SGV. Doch erst wenn es kalt wurde, lief das Sauerland heiß. Winterberg, der Name sagt alles. Das Mekka der Wintersportler, die Dolomiten der Niederlande. Hier schnurrten die ersten Lifte, vor deren Einlass sich Skiläufer für immer von den Steigfellen trennten, mit denen sie vorher mühsam wieder bergan gestiegen waren, einer neuen, kostbaren Abfahrt entgegen.

Schon Jahrzehnte früher war von hier die Konversion ausgegangen, die heimische Schreinerwerkstätten in aufstrebende Skifabriken verwandelt hatte. Aus hellbraunen Eschenholzbrettern fabrizierten sie Skier, deren Spitzen außerhalb der Saison durch spezielle Spannvorrichtungen ihren Schwung bewahrten. Lederriemen fesselten umständlich geschnürte Skistiefel, die sie auch im Sturz nicht freigaben. Am Auslauf der Piste stand die Gipstüte des Knochendoktors. Sorgsam mit einer brennenden Kerze verteiltes und einem Bügeleisen geplättetes Kerzenwachs sorgte für rasante Abfahrten. Irgendwann löste industriell hergestelltes Wachs die Kerzen ab, drei Sorten in einer Packung, blau für Firnschnee, silber für Tauwetter, schwarz für die Unerschrockenen. Es kamen die Keilhosen und die Stahlkanten. Unfassbar, welche Schwünge jetzt möglich waren.

Offizielle Produktfotografie von 1994: die Vorbrechanlage der Krupp Fördertechnik GmbH für einen Diabas-Steinbruch bei Bestwig-Halbeswig

VKB fuhr ins Sauerland

1964 bot der „Verein der Kruppschen Beamten e. V." seinen Mitgliedern fünf Tagesfahrten ins Sauerland an. Die Werkszeitschrift illustrierte zeitgemäß.

Wer immer versucht, das Sauerland auf den Begriff zu bringen, sollte mit einer Lehre von den Elementen beginnen. Insofern lag Carl Schmitt nicht falsch; Land und Meer war der richtige Ansatz. Tiefschürfend, elementar. Nur eins hatte der Autor vergessen: das dritte Element, das als dialektische Klammer Himmel und Erde, Land und Meer zusammenhielt. Es war liquide wie das Meer und zugleich der Boden der Tatsachen. Sein Name war Schnaps. „Schweigsame Bergwestfalen", fand Günter Grass, als er den Protagonisten der *Hundejahre* auf seinem Weg von Altena ins Ruhrgebiet durch das Ebbegebirge steigen ließ, „trinken zu viel, zu schnell, zu billig".

Indessen lebt der Mensch nicht vom Schnaps allein. Von jeher wusste der Sauerländer das heimische Bier zu schätzen. Pilsner Brauart, langsam gezapft, acht Minuten Dauer. Wen in Lüdenscheid der Bierdurst überfiel, der begab sich auf die Werdohler Straße. Dort standen die Kultstätten der Indigenen. Irgendwann kam einer auf die Idee, die Kneipen der Straße durchzuzählen. Es waren neunzehn, und alle liefen glänzend. Betrat man sie am Vormittag, wenn die Gäste noch wenig zahlreich und die Geräusche gedämpft waren, hörte man unter den Sohlen ein leise schmatzendes Geräusch. Es war das verschüttete Bier, das in den Ritzen der Dielen stand.

LANDLUFT

Das Kind muss an die Luft. Die Mutter, der angesichts ihres kleinen Bleichgesichts dieser Satz durch den Kopf ging, aktualisierte ein im vergangenen Jahrhundert geläufiges Dogma. Es handelte sich um eine Art Davos-Komplex, in dessen Zentrum der Glaube an die Heilkraft der Luft stand. Als der Ruß aus tausend Schloten den Himmel über der Ruhr immer mehr verdüsterte, stieg der Stern derjenigen, die klare Luft und Licht versprachen. „Wenn morgens früh die Sonne lacht / Hat das die SPD gemacht", lautete ein bis heute unvergessener Slogan. Indessen brauchte, wer sich nach frischer Luft sehnte, seinen Wunsch weder an der Wahlurne abzugeben noch ins Engadin zu reisen. Um sich dem Smog des Ruhrgebiets zu entziehen, genügte ein Ausflug mit der Eisenbahn. Zwei Stunden, und man war im Sauerland. Und an der Luft.

Das machten sich auch die an der Gesunderhaltung ihrer Arbeiterschaft interessierten Großbetriebe zunutze, die seit den dreißiger Jahren Erholungsheime im Sauerland einrichteten, das jetzt als grüne Lunge des Reviers oder Paradies vor der Haustür apostrophiert wurde. Die Werksfürsorge der Nationalsozialisten verlieh ihren Programmen weltanschaulichen Nachdruck. 1938 eröffnete der Bochumer Verein unter seinem Direktor Walter Borbet ein aus Spenden und Stiftungsmitteln finanziertes Arbeitererholungsheim auf dem Remmelshagen oberhalb von Werdohl. Hier konnten die jetzt Kameraden genannten Kumpels und Kollegen in zwei nach dem Vorbild des Olympiadorfs errichteten Wohnheimen 14-tägige Ferien verbringen und unter vaterländischen Gesängen die Wälder durchstreifen. Morgens gab es Milchsuppe, mittags Möhrendurcheinander, abends Reibekuchen. Dann kam der Krieg. Von den ursprünglich zehn geplanten Häusern wurden nur zwei fertig, zwei weitere folgten in den fünfziger Jahren, als mit dem Bochumer Verein auch die Liegenschaft bei Werdohl vom Konkurrenten Krupp übernommen wurde. 1989 war Schluss mit der Arbeitererholung.

Auch dem Kruppschen Lehrlingsheim in Elkeringhausen im Hochsauerland war kein langer Erfolg beschieden. 1962 war in einem langgestreckten, weißen Neubau der Zweiten Moderne der Betrieb aufgenommen worden. Den Jugendlichen wurden zweiwöchige Freizeiten angeboten: Wandern, Sport, viel frische Luft. An Regentagen Tischtennis und Abzüge im eigenen Fotolabor. Als Höhepunkt ein Tanzabend mit dem benachbarten Ferienheim für Mädchen. Irgendwann zog auch das nicht mehr. In den siebziger Jahren waren Fahrtenlieder zur Klampfe und Lichtbildervorträge des örtlichen Försters über das Leben der Wildsau nicht mehr so hip. 1976 wurde der Betrieb mangels Nachfrage eingestellt.

Die schweren respiratorischen Leiden, die, in erster Linie durch den Bergbau verursacht, in Sauerländer Heilstätten kuriert wurden, verschwanden nicht mit dem Ende des Bergbaus. Sie änderten nur ihre Genese. In das Kloster Grafschaft, eine ehemalige Benediktinerabtei bei Schmallenberg, waren nach Kriegsende die aus Schlesien geflohenen Borromäerinnen eingezogen. Die Lungenklinik, die sie einrichteten, hat den alten Ruf des Sauerlands als Land des großen Durchatmens neu bekräftigt. Mit historischer Würde und zeitgemä-

In einem Jugendheim kann man wohnen, aber Landschaft muss man erklären. Krupp-Jugendheim in Elkeringhausen bei Winterberg, kurz nach der Einweihung, August 1962

ßer Kompetenz kommt Kloster Grafschaft nach wie vor seiner Bestimmung nach. Mitten in der barocken Auffahrt liegt der Landeplatz für den Hubschrauber. Im Sauerland kommt man immer noch an die Luft.

Um 1960 war die Zahl der Schüler, die nach den ersten Jahren auf der Volksschule zum Gymnasium wechselten, überschaubar. Das Abitur galt noch nicht als Grundrecht. War es der Lateinunterricht oder der Umgang mit den Stadtkindern? Unmerklich entfremdeten sich die Landkinder ihren alten Schülerbanden und dörflichen Milieus. Vergessen die Nachmittage am Löschteich und die Heimlichkeiten auf dem Weg zur Talsperre. Nur im Herbst kehrten die Auswanderer wie selbstverständlich in die Welt des Dorfes zurück. Die Kartoffelernte hatte begonnen. Anderswo wäre es die Weinlese gewesen, aber Trauben wuchsen nicht im Sauerland.

Die Früchte im Boden wurden nicht mehr mit der Hacke ausgegraben. Eine Art rotierender Schleuder, von einem Pferd oder einem Traktor gezogen, riss sie aus ihrem Schlummer. Fette Würmer beeilten sich davonzukommen, bevor das Ersatzheer der Krähen, das hinter dem Traktor, den fliegenden Kartoffeln und dem kleinen Heer der Sammler marschierte,

Mitarbeiter des Bochumer Vereins machen Urlaub im Sauerland, Sept. 1954. Werksfotograf: Wiciok

sich ihrer annehmen konnte. Alle zusammen wirkten sie wie Teile einer Maschine aus mechanischen und animalischen Komponenten. Und dabei wartete dieses ganze, in eine wandernde Staubwolke gehüllte Ensemble nur auf den einen einzigen Augenblick, in dem die Bäuerin mit ihren Helferinnen, einer großen emaillierten Kaffeekanne und einem Berg von Broten auftauchen würde. Kaffeepause.

Jetzt fiel die Entscheidung über das diesjährige Ranking der Kartoffelbauern. Den Kaffee, ein obskurer Muckefuck, konnte man vernachlässigen, er war überall gleich lausig. Entscheidend waren die Brote. Anbieter von Schmalzstullen landeten auf den hinteren Plätzen. Nach vorn kam nur, wer Schwarzbrot mit Marmorkuchen belegt servierte. Hier gab es eine klare Bestnote für die Bauern, bei denen sich die Leser daraufhin fürs nächste Jahr anmeldeten.

Die Häuser der Bauern betraten sie nicht mehr. Die Nasen der verstädterten Landkinder waren empfindlich geworden. Schon vor der Tür erfasste sie Panik. Aus dem Hausflur wehte ihnen die bekannte süß-säuerliche Melange aus Kuhstall, Silo und Wurstküche entgegen. Sie füllte die niedrigen Räume und hing in den Kleidern der Bewohner, wenn diese zu Besuch kamen. Der Geruch drehte ihnen den Magen um. Auch auf den Kater, der ihnen jetzt um die Knöchel strich, fiel Verdacht. War der nicht auch an diesem Labor beteiligt? Wieso hatten sie den Dunst nicht früher bemerkt? Jetzt kam auch noch der gastfreundliche Bauer selber auf sie zu. Noli me tangere. Bloß weg von hier.

Erinnerungen wurden wach. An das Erwachen an Tagen, die sie lieber verschlafen hätten. Wenn der Typ kam, der die Lizenz zum Töten hatte, der Mann, der auf den Dörfern schlachtete. Mit seinen Messern, seiner Gummischürze, seinem Bolzenschussgerät. Die Hunde beschnüffelten ihn und zogen den Schwanz ein. Sie rochen den Tod. Die Tiere ahnten, was kam, die Kinder wussten es. Der Horrorfilm, Splatter auf dem Dorf. Und wieder die Gerüche. Die ausgekochten Därme. Das warme Blut, das gerührt wurde. Bilder stiegen auf vom Jagdrausch der Tage, an denen das in der Scheune lagernde Getreide gedroschen wurde. Wenn unter der letzten Schicht der noch verschonten Halme und Ähren das Heer der Mäuse sichtbar wurde. Das Ende des Fests. Panische Fluch-

Erholungsheim für die Beschäftigten des Bochumer Vereins für Gussstahlfabrikation, auf dem Remmelshagen bei Werdohl, April 1954
Werksfotograf: Günter Hoffmann

ten, braunes Gehusche. Hunde und Katzen Seite an Seite, zu einer Hetzmeute vereint. Nervös zitternd, das Gebiss entblößt, die Krallen entsichert. Ein Stromstoß ging durch die Scheune, und das Morden begann.

Die Bauern kannten diesen Zustand. So hatten sie selbst einmal gewartet, nachts am Waldrand liegend. Kurz nach dem Krieg, als die befreiten Zwangsarbeiter zum Plündern gingen. Sie überfielen die einsamen Höfe, sperrten die Bewohner in den Keller, kehrten das Unterste zuoberst. Nahmen mit, was sich tragen ließ und zerschlugen den Rest. Gossen das Eingemachte über Bettlaken, die sie aus den Schränken gezerrt hatten. Nahmen Rache für die Erniedrigung, den Hunger, die Schläge. Da gruben die Bauern die Waffen wieder aus, die sie vor den amerikanischen Truppen versteckt hatten, und legten sich auf die Lauer. Nachgefechte eines Kriegs nach dem Krieg, der erst allmählich in den Ritzen der Gesellschaft versickerte.

Irgendwie waren die Bauern ja immer im Krieg. Gegen Parasiten und was sie dafür hielten, Füchse, Krähen, Eichelhäher. Schrot und Kleinkaliber auf alles, was nicht rechtzeitig abhaute. Streunende Hunde und Katzen, Marder, Gespenster. Andere Bauern wussten, wie man mit Tieren spricht und fuhren, eine zahme Krähe auf der Schulter, mit dem Trecker in die Kleinstadt. Bei der Genossenschaft, so hieß der Landhandel des Raiffeisenverbandes, kauften sie Saatgetreide und Setzkartoffeln. Aber auch etwas, das sie öffentlich, in der Kneipe, nie gekauft und vor anderen getrunken hätten: Wein. Sie hielten ihn für Frauensache und liebten ihn erst recht. Südwein bevorzugt, Muskateller, Malaga, Port. Hauptsache süß und stark. Jeder hatte seine eigene Ausrede, im Zweifel war es der Arzt. Sie kauften den Wein in Kruken aus grünem Glas, die sie auf der Plattform ihres Traktors befestigten und wie eine Geliebte heimlich nach Hause führten. Manche sangen unterwegs. Von Zeit zu Zeit hielten sie an, um die Geliebte zu umarmen. Das ging nicht immer gut. Einer kam von der Straße ab, überschlug sich und wurde von seinem Trecker erdrückt. Das Fahrzeug geriet in Brand, die Flammen griffen auf den Wald über, Feuerwehren mussten ausrücken. Die Wein- und Obstgötter sahen zu.

Den Kindern zwischen Land und Stadt fielen plötzlich Dinge auf, die sie früher nicht bemerkt hatten. Die moralische Ordnung des Dorfes zum Beispiel. Da waren die beiden Söhne des Bauern, den sein Trecker erschlagen hatte. Der jüngere hatte den Hof übernommen. Wie die meisten in der Gegend besaß er zu wenig gutes Land und zu viele steinige Abhänge. Der Ältere hatte ein zweistelliges Vorstrafenregister und eine Flinte unterm Bett. Alle Welt wusste Bescheid. Fuhr er mit dem Bus in die Stadt, um seine Beute, einen Hasen oder ein Reh, zu verkaufen, tropfte das Blut aus dem Rucksack. Es störte ihn nicht. Ein paar Häuser weiter wohnte die Frau, deren Mann spurlos verschwunden war. Sie hatte vier Kinder, arbeitete in der Fabrik und kam mit dem Lohn nicht aus. Die Männer, die sich in der Dämmerung zu ihrer Hintertür schlichen, kannten das verabredete Klopfzeichen.

Auch die ganz jungen Männer, halbe Jungs noch, lernten es beizeiten.

Coming of age auf dem Dorf war keine romantische Sache. Mit einer Ausnahme. Sie war die Tochter einer Kriegerwitwe, die ihr Kind und sich mit Näharbeiten durchbrachte. Die Mutter nähte Kleider für die Bäuerinnen und Röcke für die Sekretärinnen, die morgens mit dem Bus in die Kleinstadt fuhren. Sie war eine kunstfertige Schneiderin mit glatten Fingern, um die die Bauersfrauen sie beneideten. Sie kamen zu ihr, wenn sie einen feinen Stoff aufgetrieben hatten oder an einem Schnittmusterbogen von Aenne Burda gescheitert waren. Die schönsten Kleidchen aber nähte sie für ihre Tochter. Die Kleine war eine Fee, bloß an der falschen Stelle auf die Welt gekommen. Mit ihrer Schönheit und ihrem Chic sollte sie einmal Eroberungen machen. Aus dem elenden Dorf herauskommen. Davon hatte schon ihre Mutter geträumt. Tolle Männer, die große Welt. Die Tochter machte daraus eine verwegene Strategie. Ihr Name war Margret.

Die Dorfjungs kamen für sie nicht in Frage. Kurze Hosen, dreckige Fingernägel. Putzten sich nicht anständig die Zähne. Sie ging an ihnen vorbei und versuchte, sie nicht zu riechen. Ihre beste Freundin war ein paar Jahre älter und die einzige Tochter eines Bauernpaars auf einem einsamen Hof. Wie Margret träumte auch sie von einem besseren Leben. Aber darin spielten nicht Männer die Hauptrolle, sondern Tiere und Kinder. Sie ritt gern und war wilder als ihre Freundin. Eine Indianerin. Dabei war sie nicht ohne Ehrgeiz; sie wusste, sie würde einmal Lehrerin sein. Die Welt, die auf Margret wartete, war nicht für sie bestimmt. Sie liebte die Prinzessin wie eine verzogene kleine Schwester. Dieses verrückte Huhn. Gemeinsam gingen sie Pferde stehlen.

Nach der Mittleren Reife kam Margret in eine Drogerie. Drogistin galt als ein *chicer* Beruf. Wenn ein schönes Mädchen überhaupt einen haben musste, dann diesen. Zum Angebot der Drogerie gehörten neben Agfa-Filmen und Wärmflaschen aus Gummi auch Lippenstifte und Nagellack. Die junge Drogistin fiel auf. Sie war die Sissi des Dorfes gewesen, jetzt wurde sie die Romy der Kleinstadt. Sie war noch nicht zwanzig, als die Welt sie entdeckte. Ein Arzt aus Nizza, heller Anzug, ein weißer Peugeot 404, ich schwöre, er sah

„Am Kahlberg. Sauerland" steht auf dem Glasdia, das wohl in den 1930er-Jahren entstand. Im Bochumer Verein für Bergbau und Gussstahlfabrikation hatte sich eine „Lichtbildnergemeinschaft" gegründet. Man unternahm Fahrten in Regionen außerhalb des Ruhrgebiets, suchte Motive. Nur wenige Originale haben sich erhalten, der Fotograf des Kahlbergs ist unbekannt.

aus wie Michel Piccoli. Ich bin sicher, er war es. Er wusste selbst nicht, was ihn ins Sauerland verschlagen hatte. Bis er Margret sah. Sie bestand darauf, dass er ihre Freundin kennenlernte. Der Doktor zog die hellen Hosenbeine hoch und versuchte, seinen Schuhen die Bekanntschaft mit dem Mist zu ersparen. Den Peugeot hatte es schon schwer erwischt. Dann verschwanden beide wieder aus Margrets Leben. Andere Männer fuhren vor und hielten ihr die Tür auf.

Die nächste Folge unseres großen Landromans „Das sündige Dorf" lesen Sie in der nächsten Woche. An dieser Stelle geht es weiter mit Heimatkunde.

In Wahrheit war das Dorf ein Archipel mit vielen Nebeninseln. Sie lagen irgendwo auf dem Land oder tief in den Wäldern verstreut. Jede versehen mit einer eigenen Alarmanlage namens Schäferhund. Vereinzelte Höfe, geduckte Häuser mit kleinen Fenstern, unter deren Dächern Schwalben nisteten. Daneben schiefe Holzschuppen, die im Sommer nach Karbolineum rochen. Um sie herum eine Moräne verrosteter Landmaschinen, Ölkanister und Badewannen, aus denen die Kühe tranken. Auf den Feldern Vogelscheuchen, die mit einem unsäglich stinkenden Zeug gegen die Wildschweine getauft waren; die Bauern nannten es Franzosenöl. Die Bewohner der Inseln waren so verdammt wie ihre Höfe, unverheiratete alte Frauen, die Lisbeth hießen und den Neukirchener Kalender lasen. Einsame Männer, die schweigend tranken und allmählich kahl wurden. Nicht einmal beim Schützenfest sah eine Frau sie an.

Viele von ihnen gehörten zu einer in der Gegend verbreiteten Sekte, die auch die Sonntagsschule betrieb. In dieser Anstalt lernte man früh, dass alles, was das Leben lebenswert machte, Sünde war. Es war eine wichtige Lektion. Nicht dass sie das Landleben besser gemacht hätte. Sie erklärte nur, weshalb es aussichtslos war, es führen zu wollen. Die Landkinder, die zu Stadtkindern geworden waren, sollten dieses Curriculum nie mehr vergessen. Sie zogen daraus ihre eigene Konsequenz. Als sie im Geschichtsunterricht hörten, dass Stadtluft frei mache, stand ihr Entschluss schon fest. Die Städte, in die sie gehen würden, konnten gar nicht groß genug sein. Die meisten von ihnen kehrten nicht mehr zurück.

Aus der fotografischen Überlieferung der Lichtbildnergemeinschaft: „Sauerland / Plettenberg". Werksfotograf: Alfred Reineke

IM WALD

Der Sauerländer, hat ein Pathologe gesagt, sei von Natur aus Waldmensch. Er werde im Wald geboren, lebe im Wald und sterbe im Wald. Schneide man ihn auf, finde man ein paar Fichtennadeln. Die alte Freundin und geborene Sauerländerin sieht das anders. Der Wald habe immer eine bestimmte Funktion gehabt. Die Jungen seien in den Wald gegangen, Jungs wie Mädchen, um etwas zu tun, was man in den kleinen Orten, in denen einen jeder kannte und alles sah, nicht tun konnte. Das sei immer so gewesen, und daran habe sich nichts geändert. In erster Linie sei es nicht um Sex gegangen, klar, irgendwann schon, aber erst einmal darum, mit Leuten zu reden, die kennenzulernen sich lohnte, ohne dass alle zusahen. Oder um Musik zu hören, auf die es ankam, ohne dass alle zuhörten. Man wollte einfach für sich sein, allein. Heimlich und ohne Schuld gegen die Anderen.

Wer das Sauerland zeichnen will, braucht viele Grünstifte. Das Land hat die Farben der Insel Irland. Aber im Unterschied zu Irland hat es seine Wälder nicht verloren; seine Bewohner haben die Kahlflächen immer wieder neu bepflanzt. Aufgeforstet, wie die Fachleute sagen. Es sind dieselben Förster und Botaniker, die von Beständen sprechen und von Nachhaltigkeit. Wie weit es damit her ist, sieht jeder, der das Sauerland einmal durchquert. Die Sturmschäden der letzten Jahre sind nicht zu übersehen. Ganze Berghänge kahl und entwaldet, und daneben riesige Streifen vertrockneten, graubraunen Fichtenwalds, die darauf warten, vom nächsten Sturm gefällt zu werden. Der Holzpreis ist ins Bodenlose gefallen.

Die Förster holen den Windbruch heraus, um dem Borkenkäfer nicht das Feld zu überlassen. Die Dürre und die Käfer sind der Tod des Fichtenwaldes. Aber eigentlich stirbt der Fichtenwald an sich selbst. Oder an den Folgen einer verfehlten Forstwirtschaft und ihrer Logik der Effizienz: das meiste Holz in kürzester Zeit. Dafür empfahl sich die Fichte. Sie wurde zum Brotbaum der deutschen Waldwirtschaft. Schon die Droste hat dies zu ihrer Zeit, vor bald zweihundert Jahren, gesehen. Die Pflege des langsam wachsenden Laubwal-

Von der Familie Krupp gefördert, baute der Grafiker Hermann Kätelhön ab 1920 in der Essener Siedlung Margarethenhöhe einen Kreis von Künstlern auf, zu denen auch der Fotograf Albert Renger-Patzsch zählte. 1930 zog Kätelhön nach Wamel am Möhnesee, 1944 folgte ihm Renger-Patzsch. Erkennbar von dessen Arbeiten beeinflusst, fotografierte Kätelhöns Sohn Wolfgang in der Umgebung. Er fiel im Zweiten Weltkrieg. Seine Aufnahmen kamen mit dem Nachlass des Vaters nach Essen ins Krupp-Archiv.

Winterlandschaft an der Möhne. Foto: Wolfgang Kätelhön

des, schrieb sie, werde vernachlässigt, um sich im Nadelholz den schnelleren Ertrag zu sichern, und bald würden die Fichtenwälder den Charakter der Landschaft verändert haben. So ist es gekommen. Tatsächlich wachsen Fichten schneller als Buchen und Eichen. Nur trocknen sie auch leichter aus und fallen schneller um.

In dem notorisch mit Regen gesegneten Sauerland fühlte sich die Fichte lange Zeit wohl. Doch die zunehmende Sommerdürre hat vor dem Bergland nicht Halt gemacht. Was soll der Förster tun? Archäobotanikern zufolge war die Region früher mit Buchen bewachsen. Soll er alles mit Buchen aufforsten? Aber eine Buche braucht 100 bis 150 Jahre, bis sie ausgewachsen ist, und wer weiß, was dann ist? Schon zeigen sich auch an den Laubbäumen die ersten Folgen der Trockenheit. Der Förster setzt auf Risikostreuung und mischt bei der Neuanpflanzung Laub- und Nadelwald, schnell und langsam wachsende Sorten. Was auch ein schöneres Bild ergibt, wie man in manchen Tälern des Hochsauerlands sehen kann, in denen farbenfroh und formenreich der Mischwald bis an den Bachlauf der Talsohle heruntersteigt. So beispielsweise im Tal von Latrop südlich von Schmallenberg, wo sich ein kleines Museum dem Leben der Waldarbeiter widmet. Es zeigt die alten Werkzeuge und Fotos einer vergangenen Welt.

„Zuweilen verlor ich mich in eines dichten Waldes Dunkelheit", schreibt Saint-Preux, der Held von Rousseaus *Neuer Heloise*, „zuweilen, wenn ich aus einem Schlunde herauskam, erquickte meinen Blick eine angenehme Wiese. Eine erstaunliche Vermischung von wilder und bebauter Natur zeiget überall des Menschen Hand, wohin man nicht geglaubt hätte, daß sie jemals gedrungen wäre; auf der einen Seite einer Höhle fand man Häuser ...". Der erfundenen Landschaft des für die europäische Romantik maßgeblichen Briefromans lässt sich eine Leseanweisung für das Sauerland entnehmen. Auch hier zeigen sich bisweilen atemberaubende Bilder wilder Natur, die gleichwohl von der Zivilisation arrangiert und durchdrungen sind: Häuser neben den Höhlen. Und dies buchstäblich, denn an Höhlen ist das Sauerland so reich wie an Seen.

Städte, nicht Wälder gelten als Inbegriff der Zivilisation. Auch das Sauerland kann in diesem Sinn als zivilisiert gelten: Es kennt Städte. Sie sind nicht zu übersehen. Manche haben eindrucksvolle historische, in einzelnen Fällen – wie Arnsberg – elegante Kerne. Iserlohn erreicht in der Einwohnerzahl beinah die Sechsstelligkeit. Dennoch ist das Sauerland keine urbane Region. Daran ändert auch seine Nähe zu den großen städtischen Zentren wie Frankfurt, Köln-Bonn oder dem Ruhrgebiet nichts. Selbst die traditionsreiche Kleineisenindustrie an Lenne und Volme zieht sich dort, wo sie noch am Leben ist, unter den Schirm des Waldes zurück. Wo sonst findet man heute noch Wald und Industrie in derart ge-

Das Sauerland war und ist eine international bedeutende Drahtregion. 1827 entstand in Werdohl eines der ersten deutschen Drahtwalzwerke, die Firma Thomée. Viel später, 1984, nahm der Krupp-Werksfotograf dort eine Szene auf. Den Drahtziehern gefiel sie nicht. Sie sei „wenig aussagefähig" und zeige zu viel „Unordnung". Werksfotograf: Peters

schwisterlicher Nähe? So scheint auch Albert Renger-Patzsch gedacht zu haben, wenn er, von Wamel nördlich der Möhne kommend, den Arnsberger Wald durchquerte. Mit nüchternem Blick, mit dem er in den zwanziger Jahren den Stil der Neuen Sachlichkeit geprägt hatte, fotografierte er nach dem Krieg Landschaften und Bäume, Gesteine und Felder. Noch immer meint man hinter den natürlichen Strukturen, die er jetzt aufnahm, die Bauten und Objekte der Industrie durchschimmern zu sehen, ihre klaren Linien, ihre harten Kanten. Als wäre der Wald nur ein anderer Modus von Zivilisation.

Neben und über die Karte des Sauerlands, die ein Land von dichten, nur von Seen und Flüssen unterbrochenen Wäldern zeigt, muss man die Karte der Besiedlung legen. Sie zeigt ein Netz von Städten, Dörfern und Häusergruppen, das sich tief in

Die Produktwerbung abstrahiert vom Fabrikalltag und sorgt für Ordnung: das Drahtmotiv entstand um 1990. Werksfotograf: Rainer Schröer

die Wälder vorgeschoben und eng mit ihnen verbunden hat. Keine Stadt, die mehr als drei, vier Kilometer vom Wald entfernt läge, kein Dorf, dessen Ränder nicht an ihn stießen. Und wiederum kein Forst, in dem nicht seit dreihundert Jahren ein Köhler seinen Meiler bewachte und ein Gastwirt seine Gäste mit Schauergeschichten aus dem Wald unterhielt.

Anders als aus Rousseaus Roman oder Grimms Märchen sprach aus diesen Geschichten nicht der Geist der Romantik. Meist spielten sie um die Mitte des vergangenen Jahrhunderts. Sie hatten einen speziellen Migrationshintergrund. Kurz nach dem letzten Krieg waren an den Waldrändern die Baracken für Flüchtlinge, Aussiedler und Vertriebene emporgeschossen. Die Leute aus dem Dorf beschimpften sie als „Nissenhütten" und verboten ihren Kindern, mit denen aus den Baracken zu spielen. In den Intermundien von Haus und Höhle entstanden instabile Gesellschaften, die die meisten Bewohner der alten Strukturen als Bedrohung, einige auch als Versuchung empfanden. Ihre unwahrscheinlichen Treffen fanden in Waldkneipen statt, über deren Konzession so wenig bekannt war wie über ihre Nebengeschäfte. Klar war, dass sie als Tauschplätze zwischen Wald und Wüste unverzichtbar waren. Die zuständige Obrigkeit zog es vor, solche Lokale nicht zu bemerken.

Spuren des erst vor kurzem beendeten Krieges zogen sich auch durch die Kindheit der Jüngeren. Sie beschränkten sich nicht auf die ewigen Erzählungen der Alten und die überall präsenten kleinen Bilder von blassen jungen Männern, die in Stalingrad oder im Hürtgenwald gefallen waren. Es waren Spuren anderer Art. Weite Teile des Sauerlands hatten im Ruhrkessel gelegen, in dem die amerikanischen Divisionen, die den Rhein überschritten hatten, Anfang April 1945 die letzten deutschen Kampfverbände eingeschlossen hatten. Als die Einheiten Mitte April kapitulierten, versuchten viele Soldaten der Wehrmacht, der Gefangenschaft zu entgehen, indem sie sich von ihren Waffen und Uniformen trennten und in Zivil untertauchten. In den Wäldern, in denen fünfzehn Jahre später Banden von Jungs spielten, lag das Zeug immer noch massenhaft herum. Waffen und Munition. Oberflächlich vergraben, in Teiche und Talsperren geschmissen, leicht aufzufinden. Binnen kurzem waren wir schwer bewaffnet. Wir hörten auf, Indianer zu spielen, wurden eine Geheimarmee von Kindern, tellurische Existenzen wie die Partisanen, die Carl Schmitt beschrieb. Wir legten Waffenlager an und gingen daran, Anfänge eines Handels in Gang zu bringen, als sich einer der Partisanen mit seinem Depot in die Luft sprengte. Die Polizei wurde aufmerksam und machte dem Spiel ein Ende.

Von der relativen Gesetzlosigkeit der Wälder profitierte mancher noch in späteren Jahren. Als die Sache mit den Autos losging, wurde der Wald zum Motodrom. Alle Freunde der Eltern mussten ihre Fiats und Opel für eine Stunde im Wald hergeben. Der unvermutet eintreffende Revierförster erkannte die Lage, stellte spontan seinen Ford 12M zur Verfügung, warf sich auf den Beifahrersitz, beleidigte den zaudernden Lehrling am Steuer und feuerte ihn unerbittlich an, bis das Höllengefährt mit den beiden Teufeln darin endlich mit hundert Sachen durch den Wald schoss. In einer Wolke aus Staub, Sonnenlicht und Tannennadeln kam der Wagen wieder zum Stehen. Zitternd stieg der Schüler aus. Der Förster war Choleriker und wie viele seiner Berufsgenossen Spieß in der Wehrmacht gewesen. Man tat besser, was er sagte. Hatte man sich an seinen Stil gewöhnt, fing die Sache an, Spaß zu machen. Das Zittern ließ nach.

DIE GESCHICHTEN

Um die dreißig Fernwanderwege, die der Sauerländische Gebirgsverein im Lauf der Jahre markiert und demarkiert hat, durchziehen das Land. Sie enden nicht an seinen Rändern. Wie Fransen eines Teppichs verbinden sie es mit dem Siegerland im Süden, dem Bergischen Land im Westen, dem Waldeckischen und Wittgensteiner Land im Osten und dem Ruhrgebiet im Norden. Einer führt über den Kamm des Rothaargebirges, ein anderer an neun Talsperren entlang, der dritte durch vier Städte der westfälischen Hanse. Aber kein Wanderweg führt in die Wälder, in denen im Juli die wilde Belladonna blüht. Kein Steig zu Orten, die den Himmel versprechen, wie Milchenbach, Himmelmert und Mönekind, und keiner in die Höllen von Niedereimer, Unterneger und Zwistmühle. Ein Preis für poetische Ortsnamen ist seit langem überfällig. Das Sauerland hätte ihn verdient.

Briefkopf „Jugendhof des Sauerländischen Gebirgs-Vereins Arnsberg", 1955. Krupp spendet 250,- DM für den Hof, eine Mischung aus Jugendherberge und Ausbildungsstätte für Wanderführer.

Die Poesie des Landes verbirgt sich, dem Publikum weitgehend unbekannt, in der Mundartdichtung Friedrich Wilhelm Grimmes oder Christine Kochs, der „Sauerländischen Nachtigall", die auch den Führer auf Platt besang. Sie haust in den Werken von Heinz Wever, der malte und dichtete und aussah wie Hans Albers. Alle diese Barden des Sauerlands sind weitgehend vergessen. Die Mundart wurde ihr Schicksal. Oder das, was sie dafür ausgaben. Das Sauerländer Platt, die Sprache ihrer Dichtung, war eine literarische Erfindung. In Wahrheit sprach jedes Dorf sein eigenes Platt, und eines machte sich über die linguistische Inkompetenz des anderen lustig. Das erfundene Platt war der *highway to hell* der Literatur. Von zu vielen Völkischen, zu vielen Humoristen befahren. Hingebungsvoll betreut das regionale Literaturarchiv in Schmallenberg eine schlecht geliebte Klientel. Auch Denker und Stilisten wie Carl Schmitt und Hugo Kükelhaus verhalfen dem Sauerland nicht zum Eintritt in die Literaturgeschichte. Der jüngere Kükelhaus, Hermann, war zu früh gestorben, und der große obskure Wanderer und Sänger Jürgen von der Wense hat allenfalls den Ostrand des Landes gesehen. Seinen Fontane hat das Sauerland nie gefunden. Unterdessen besitzt jedes größere Dorf seinen lokalen Krimiautor.

Nur einmal, einen kurzen Augenblick lang, sollte das Sauerland im Zentrum des literarischen Lebens der jungen Republik stehen. Anlass war die Polemik eines Münsteraner Germanisten, der die Existenz einer Westfälischen Literatur pauschal bestritt. Daraufhin formierte sich 1956 eine Riege von älteren Autoren und Autorinnen, unter ihnen Josefa Berens-Totenohl, Leute, die bis 1945 mit völkischen Stoffen und Reimen gut verdient hatten. Ihnen gegenüber stand eine Reihe von Jüngeren wie Ernst Meister und die heute vergessene Hertha Trappe, die zwei Jahre zuvor bei Suhrkamp einen Band veröffentlichte (*Was ich wandre dort und hier*), den man als den vermutlich einzigen Sauerlandroman von Rang ansehen darf. Der heftige Generationenkonflikt um Dichtung und Politik ist als „Schmallenberger Dichterstreit" in die Annalen der Nachkriegsliteratur eingegangen. Tondokumente vermitteln einen authentischen Eindruck von der Schwere der Geburt, mit der die literarische Moderne damals in ihr zweites Leben trat.

Diesseits des literarischen Betriebs besaß das Land seine eigene Art von Rhapsoden. Die meisten von ihnen übten das Amt nur nebenher aus. Bestimmt durch einen Brotberuf, der sie einer weit verstreuten Klientel verpflichtete, befanden sie sich ständig auf Reisen durch die bäuerliche Welt. Der eine war Landarzt, der andere kurierte die Pferde und besamte die Kühe. Die Rothaarige fuhr Auto wie der Leibhaftige und war Gemeindeschwester, der mit dem sanften Blick Christi als guter Hirte war Küster und schnorrte Kaffee. Umwerfend charmant war der Kerl vom Niederrhein, der den Frauen geblümte Kleider und Unterwäsche verkaufte. Zweimal im Jahr zogen der Hufschmied und der Scherenschleifer, der Eisenwarenhändler und der Lumpensammler mit dem Dreirad durchs Dorf. Sie kamen immer unangemeldet, aber nie unerwartet. Alle waren unverzichtbar. Und alle übten neben ihrer Hauptaufgabe einen Nebenberuf aus. Sie waren Boten.

Sie waren die sozialen Medien der ländlichen Welt. Sie transportierten Geschichten von hier nach da und Gerüchte über die Berge. Sie sahen, wie die Kinder aufwuchsen und wussten, was aus denen geworden war, die fortgegangen waren. Sie hatten gehört, dass dem einen die Frau weggelaufen war, sie wussten auch weshalb, und dass er jetzt nicht mehr ganz richtig war. Sie kannten den, der sich einen Strick genommen, und den, der ihn in den Eichen gefunden hatte. Sie waren wie die hölzernen Strommasten, an die die Kinder das Ohr legten, um das Summen in den Drähten zu hören. Wer den Boten lauschte, hörte das Summen des Sauerlands.

Die letzten kollektiven Erzählungen waren Leidensgeschichten aus der Nazizeit und dem Krieg: Wie die jüdischen Viehhändler, mit denen die Bauern lange Zeit gute Geschäfte gemacht hatten, einer nach dem anderen verschwanden. Wie die Royal Air Force im Mai '43 den Möhnedamm bombardierte und die große Flutkatastrophe auslöste. Wie im Februar '45 Meschede zerbombt wurde. Wie die Bewohner der Orte im Hochsauerland vor der amerikanischen Artillerie in die Schieferstollen flohen. Wie die englischen Jagdflieger in jenem Frühjahr Jagd auf pflügende Bauern machten ... Das war die Sorte Geschichten, die an den Lagerfeuern der Familien erzählt wurde.

Bei Familienfeiern saßen die Kinder unter dem Kaffeetisch und warteten gespannt auf den Stoff. Sie kannten die Erzählungen längst. Märchen, aber ohne sprechende Tiere, dachten sie. Winnetou in den Ardennen. Sie lagen nicht ganz falsch. Es waren verblasste Geschichten, deren Erzähler immer dieselben Tropen befuhren. Aus irgendeinem Grund fielen sie in den späten Siebzigern innerhalb kurzer Zeit aus dem Repertoire. Auch die Großen Erzählungen haben ihre Halbwertzeit. Heute erinnern daran nur noch Gedenktafeln, die keiner mehr liest, und die Russenfriedhöfe der Zwangsarbeiter, auf die man zufällig in den Wäldern stößt. Nur die einschlägigen Artikel in Wikipedia rechnen noch mit Leserschaft. Ihre seltsame Detailverliebtheit spricht dafür.

Seit dem Zweiten Weltkrieg hatten viele Bauern ihren Medienverbrauch gesteigert. Neuerdings lasen sie alles, was ihnen in die Hände fiel. Nur bei wenigen war dies noch die Bibel. Das tägliche Kalenderblatt, die Küchenuhr, das Barometer. Die meisten lasen jetzt anders. Die schnell wechselnden Nachrichtenlagen der Kriege, Frontzeitungen und Volksempfänger hatten sie an einen Konsum gewöhnt, den ihre Väter und Großväter nicht gekannt hatten: tägliche, wenn nicht stündliche Information. Mit dem Rhythmus war ihre Skepsis gewachsen. Tagsüber lief das Radio; es blieb nicht unwidersprochen. Abends erregten sie sich über eines der regionalen Blätter, die Westfalenpost oder die Westfälische Rundschau. Und einmal die Woche kam, ganz in Grün, das Landwirtschaftliche Wochenblatt für Westfalen und Lippe ins Haus. Auch dieses solide Organ wurde mit Fleiß studiert und verflucht. Die Bibel war weg, der fromme Eifer geblieben.

Kein Fontane, wie gesagt. Kein Tacitus und keine Madame de Staël. Annette von Droste-Hülshoff, sie immerhin, hat dem Sauerland und seinen Bewohnern ein paar pointierte Seiten gewidmet. Sie waren nicht rundweg schmeichelhaft. Das Land und seine Schlösser gefielen ihr, die Bewohner schon weniger. Im Gegensatz zu ihren sparsamen und tugendhaften Münsterländern hielt sie die im Süden für verschlossene Spekulanten. Und das war's dann schon. Viel mehr ist in der Belletristik nicht zu holen. Im Antiquariat riecht es nach Staub.

Pierre Brice als Winnetou bei den Karl-May-Festspielen in Elspe. Das Dach über der Tribüne stammt von der KIB Konstruktion und Ingenieurbau GmbH, die aus dem Krupp-Universalbau hervorging. Die Dachmembran aus kunststoffbeschichtetem Trevira passe sich „harmonisch der sauerländischen Umgebung an", hieß es 1978 in der Pressemitteilung, zu der auch die Fotografie verteilt wurde. So kam Winnetou ins Krupp-Archiv. Fotograf: KIB/Körner

Wer sich an einer literarischen Archäologie des rätselhaften Bergvölkchens versucht, darf nicht vor bemoosten Gedenktafeln stehenbleiben oder sich mit plattdeutschen Anthologien langweilen. Auch die vielen Heimat- und Spezialmuseen wie das Deutsche Drahtmuseum in Altena helfen nur begrenzt weiter, von den Erlebnisparks ganz zu schweigen. Sie könnten mitsamt ihren Servern auf den Fidschi-Inseln stehen. Nein, man muss den Spaten anderswo ansetzen. Aus anderen Quellen schöpfen.

Der achte Band des Handbuchs des Deutschen Aberglaubens, herausgegeben von Hanns Bächtold-Stäubli und Eduard Hoffmann-Krayer, enthält in den Spalten 1697/98 eine unscheinbare Karte. Sie veranschaulicht einen Artikel unter dem Lemma „Vorgeschichte". Damit ist nicht die Ur- und Frühgeschichte gemeint, sondern die sonderbare Fähigkeit, Dinge zu sehen, die erst in Zukunft passieren werden. Anderswo heißt die Sache „Vorgesicht" oder „Zweites Gesicht", die Wissenschaft spricht von Deuteroskopie. Wer mit der Gabe des „Schichtens" gesegnet oder geschlagen ist, sieht Ereignisse wie Todesfälle und Unfälle voraus. Unter den Unfällen findet sich das gesamte Portfolio der ländlichen Ereigniswelt: Brände, Viehseuchen, Blitzschläge und diebische Dienstmädchen. Gelegentlich kommen auch glückliche Fälle wie Hochzeiten, Geburten oder die Heimkehr eines Verlorenen vor.

Nicht selten verbindet sich die Hellseherei mit der unerklärlichen Heilkraft von Personen, meist Frauen, ohne reguläre medizinische Ausbildung. Zu ihnen ging, wer den Ärzten nicht traute, oder wen sie aufgegeben hatten. In jeder dritten Sauerländer Familie gab es in irgendeiner Linie oder Generation eine solche Person. In meiner hieß sie Karline oder Karoline Grüber, genoss höchste Verehrung und spukte noch Jahrzehnte nach ihrem Tod im Jahr 1940 durch die Erzählungen der Älteren. Sie galt als Wundertäterin.

Aber zurück zum Bächtold-Stäubli. Die Karte im Band 8 zeigt das mittlere und nördliche Deutschland und deutet eine Art zweiten Limes an. Mit einer gewissen Südwest-Neigung trennt er den Norden Deutschlands von dessen Mitte und Süden. Er verläuft zwischen Braunschweig und Goslar und würde sich weiter westlich zwischen Soest und Münster durchschlängeln, fiele er nicht plötzlich in einer steilen Kurve nach unten, um im südlichen Westfalen eine Art känguruhartige Tasche auszubilden. In ihr liegt das Sauerland.

Neben den Bewohnern der Heidelandschaften im nördlichen Deutschland verfügen insbesondere die Sauerländer über die Fähigkeit des Zweiten Gesichts. Naturgemäß können auch sie, soviel stammestypische Skepsis muss sein, sich gelegentlich irren oder aufs falsche Pferd setzen. Aber im Großen und Ganzen haben sie ein ausgeprägtes Gespür, eine Witterung für Dinge und Ereignisse, die noch unter dem Horizont liegen. Wie der Bauer, der weiß, wenn er heute mäht, kommt morgen der Regen. Die Sauerländer spüren, was in der Luft liegt. Sie haben Ahnung. Diese Gabe prägt ihre Lebensform und verbindet sich mit ihrem natürlichen Realismus. Aber anders als Annette meinte, macht sie die Sauerländer nicht zu erfolgreichen Spekulanten. Sie macht sie zu phantastischen Fabrikanten.